Ángela Pacheco García

Haciendo por vivir

la ʀueca
editorial

© Ángela Pacheco García- *Haciendo por vivir*

© Editorial La Rueca

www.editoriallarueca.com

Primera edición: febrero 2025

ISBN: 979-13-87525-05-7

Depósito Legal: M-2912-2025

Impreso en Madrid - España - UNIÓN EUROPEA

Esta obra está dedicada a mi madre
Emiliana García Barrejon

PREFACIO

Hola, soy la autora de este libro. Quiero contarles algo que llevo dentro desde siempre: mi amor por los versos. Es una parte de mí que casi no sé explicar, pero que me llena de alegría. Mis versos nacen de una manera curiosa: cantando. Sí, canto mis pensamientos, y las palabras van saliendo solas, como si estuvieran esperando el momento justo para tomar vida.

A veces los escribo, pero otras no. Simplemente los olvido, aunque los disfruto mientras los canto. Es como si al hacerlo le diera vida a lo que siento y pienso. Algunos pensamientos insisten, y entonces los escribo. Otros se van, pero siempre llegan nuevos. Y yo sigo cantándolos, porque es algo que me hace feliz.

Aprendí a amar los versos gracias a mi madre. Ella también los hacía, y eran hermosos. Quizás sea una forma de verme a mí misma, de entender cosas que de otra manera no veo. Cuando canto o escribo, me descubro. Y eso es algo que agradezco profundamente.

Hace un tiempo la vida me puso una prueba: el cáncer. No les voy a mentir, no ha sido fácil. Pero tengo fe, y creo firmemente que Dios me ayudará a superar esta batalla. Cuando me siento débil, pienso en mis versos, en lo que aún quiero cantar, escribir y compartir con ustedes. Porque eso me da fuerzas y me hace sentir viva.

Siempre había soñado con que mis versos llegaran a otras personas, pero nunca imaginé que sería ahora, mientras lucho por ganarle la partida al cáncer. Sin embargo, creo que todo tiene su momento, y quizá este sea el mío. Si mis palabras pueden acompañar o inspirar a alguien, entonces habré hecho lo correcto.

Doy gracias a Dios por este regalo que llevo dentro y por la oportunidad de compartirlo con ustedes. Y les agradezco a ustedes, por leerme y permitirme entrar en sus vidas a través de estos versos.

Que Dios bendiga al mundo entero. Les envío bendiciones, paz y gozo.

Con cariño,
Ángela Pacheco García

ÍNDICE

1. VIVIRÉ 13
2. ARANJUEZ 15
3. EL AMOR 16
4. TÚ CUERPO Y EL MÍO 18
5. EL REFLEJO 19
6. MI PEQUEÑO VAMPIRIN 20
7. VILLAMUÑIO 21
8. EL AMOR 22
9. CARRASCLAS LAS AGENTES DE SALUD 23
10. LA MUJER EN LA FAMILIA 24
11. PARA TI MUJER 26
12. FORMAS DE SER Y VER LA VIDA 28
13. TIEMPO PARA RECORDAR 31
14. POR LA PAZ 35
15. VILLANCICO 36
16. LOS HIJOS 37
17. LA VIDA NO DESTRUYE, TRANSFORMA 38
18. EL DE ARRIBA 40
19. PALOMA BELLA 41
20. COSAS QUE NO SE PUEDEN COMPRAR 44
21. REY DE REYES 45
22. MI TESORO 46

1 - VIVIRÉ

Viviré, viviré a pesar de los pesares
con optimismo y con fe.

Viviré, viviré, confiando en la gente
es necesario creer.

Y crecer por dentro y fuera
 todo ello a la vez.

Viviré, viviré, que en la vida hay personas
que personas quieren ser.

A pesar de las traiciones viviré,
a pesar de los pesares viviré.

Que la vida es lo más bello que posee cada ser.

Viviré, viviré, con recuerdos que hacen daño,
que hacen daño alguna vez.

Con recuerdos que son dulces…
… son dulces como la miel.
Viviré con mis recuerdos, de todos aprenderé
que la vida va pasando y se vive solo una vez.

Viviré, viviré, que la vida es tan hermosa...
… como ver amanecer.

Con días de sol radiante y mansa lluvia ver caer
con tormentas desatadas que a su paso puedes ver,
arrasadas las cosechas que hay que plantar otra vez.

Y a pesar de los pesares,
todo vuelve a florecer.

Pues la vida es lo más bello
que posee cada ser.

2 - ARANJUEZ

Aranjuez de mis amores
la tierra que yo más quiero,
si existe el cielo en la tierra
tú eres un trozo de cielo.
No importa que ahí no viva
tú vives en mi recuerdo
con tus plazas, avenidas
y el Tajo ribereño.
De tí dicen Real Sitio
¡también en eso eres bello!
con tu Palacio Real,
y jardines estupendos.
Pero tienes algo más
que es lo que más recuerdo,
tienes mis familiares
que viven en ese pueblo,
por eso pienso de ti
que eres un trozo de cielo.

3 - EL AMOR

El amor tiene una fuerza
difícil de imaginar,
por él puedes dar la vida
sin importar nada más.

Por él puedes sentir odio
y hasta llegar a matar.
Por él se rige la vida
aunque tiene bien y mal.

Bien y mal hay en el mundo
y los dos juntos están.
El bien y el mal, están juntos
los tienes que separar
y desbrazar de tu vida
si los quieres separar.

Por mucho que los separes
siempre vuelven a brotar.
El mal y la mala hierba
son difícil de arrancar.

Y hay que tener cuidado
de no dejarse engañar,
que lo pintan muy bonito
y te dan por bien y es mal.

¡Después de que pasa el tiempo!
Si te han dado, bien por mal
es cuando caes en la cuenta.
¡Si puedes, échate atrás!
Y vuelve a empezar de nuevo
no te tiene que importar.
Empieza otra vez de nuevo
no tengas prisa y veras,
como todo es muy sencillo.

¡Sigue adelante, sigue adelante!
Que lo que has dejado atrás
son las cosas del pasado
y ellas te ayudarán,
a elegir el futuro
y distinguir bien y mal.
Tu elegirás con fuerza
la del bien y la del mal.

4 - TÚ CUERPO Y EL MÍO

Sentí como nunca
tú cuerpo y el mío.
Sentí como nunca
mis cinco sentidos.

Pensé que soñaba
no lo había vivido,
pero… ¡Hoy Tino!
también lo he sentido.

Tú tal vez te pienses
que estoy como loca
¡no me importa amor!,
yo nunca pensé,
que la vida nuestra…
… fuera tan hermosa.

5 - EL REFLEJO

A mi madre con cariño
a la que admiro y respeto,
aunque a veces en la vida
no estamos las dos de acuerdo.

Que aunque llevo su sangre
y me formé en su cuerpo,
yo nací con mi carácter
y mis propios pensamientos.

Y sin embargo…
Cuanto me parezco a ti.
Nunca lo había pensado
que para ver mis defectos,
en los tuyos he pensado.

6 - MI PEQUEÑO VAMPIRIN

¡Hay mi pequeño bebe!
Es como yo te decía,
cuando estabas en mi vientre…
y dentro de mí te movías,
otras veces con cariño,
cuando tu latir sentía
te llamaba Vampirín,
porque así me parecías.
Cuando eras tan pequeño
que apenas te sentía
te llamaba Vampirín
y ya entonces te quería.
Tú vivías de mi sangre
mi cuerpo te protegía.
¡Las veces que hablé contigo!
contestar tú no podías.
Las cosas que te decía…
Entonces no podía verte
y ya entonces te quería.
Hoy eres un hombrecito
y me parece mentira.
Hay mi pequeño bebe
que es como yo te decía,
pasa el tiempo tan deprisa
que cualquiera lo diría.

7 - VILLAMUÑIO

En un pueblo de León
existe Villamuñio.
Es un pueblo castellano
donde en invierno hace frío…
donde las tardes son largas…
hablar o jugar en la cocina
con la hornilla bien encendida.

El verano es más bonito,
con el sol radiante y calentando…
la brisa, que trae olores del campo.
Con unas puestas de sol
que rayan en lo divino,
con colores tan radiantes
que no se bien describirlos.

Villamuñio en León,
tierra seca y de frío,
lo que le cuesta a tu gente,
el comerse un cocido.
Desde que siembran garbanzos,
hasta verlos recogidos,
Hacen ciento de labores
por esos campos baldíos.
Cosas de Villamuñio.

Con cariño a la abuela Emilia.

8 - EL AMOR

El amor a lo primero
es como un recién nacido,
hay que cuidar y mimar
con mucho esmero y con mimo.
Tan frágil es, que a veces,
hasta el menor descuido
lo daña y hay que cuidarlo,
con más esmero y con mimo.
Lo que en el corazón nace
es difícil destruirlo.
Lo curioso, es que a veces
lo mismo que destruimos, es;
lo que nos da la vida
y a lo tonto lo perdimos.

9 - CARRASCLAS LAS AGENTES DE SALUD

Las agentes de salud
son unas chicas muy *progres*,
quieren los mismos derechos…
que los que tienen los hombres.
Carrasclas, Carrasclas,
que bonita serenata
carrasclas, carrasclas,
que me estas dando la lata.
Porque el ama de casa
que trabaja todo el día,
trabaja en su casa "sus labores"
no se ve, retribuida.
Carrasclas, carrasclas,
que bonita serenata
carrasclas, carrasclas,
que me estas dando la lata.
Después de que pasa un tiempo
viene la jubilación
Y si no has cotizado,
no dispones de pensión.

10 - LA MUJER EN LA FAMILIA

-Difícil es, que los hombres
sepan un día valorar,
"El trabajo de la casa"
porque muy pocos están
trabajando todo el día
en la casa sin parar.

-No solo es fregar los platos
ni limpiar muy bien los suelos,
que son ciento y un detalle
que no se ven como eso.

-Que amor tienes que dar
a tus hijos a sobrar
y hacerte respetar,
aunque tengas que con ellos
enfadarte y chillar.

-Son tantas cosas al día
¡Difícil de enumerar!

Son ciento y un detalle,
que cada día se dan
y que la mujer en la familia
tiene que solucionar.

-Difícil es que los hombres
sepan un día valorar
"El trabajo de la casa"
porque muy pocos están,
trabajando todo el día
en la casa sin parar.

11 - PARA TI MUJER

Mujer, mujer, piensa un poco
y después contéstame.
-¿Que te hizo tanto daño?
-¿De donde viene tu mal?
Te educaron para esposa y madre,
eso solo y nada más.
Eso es una cosa grande
como mujer yo lo sé,
pero como ser humano,
¡insuficiente créeme!
Mujer, hay montones de mujeres…
más que olas en el mar
que tienen tus inquietudes,
¡Pregúntalas y verás!
Mujer, no tengas miedo al futuro…
lucha y podrás vencer.
Mujer, dime si estás triste, alegre,
si te sientes necesaria, "imprescindible"
integrada con tu gente.
¡Todo eso cuéntame!
Mujer, tu cuerpo es como la tierra
fértil y bello a la vez.
No te creas sexo débil,

no te dejes convencer,
y si no piensa, recuerda,
verás que tengo razón,
tú tienes dos pies, dos manos,
cabeza y corazón.
¡Utilízalas!

12 - FORMAS DE SER Y VER LA VIDA

Podéis quitarme la vida,
negarme el amor,
privarme de libertad.
Pero no podéis quitarme,
ni mi modo de sentir,
ni mi forma de soñar.
Yo siento que en este mundo,
sobre odio y falte paz.
Sueño, que sobre amor en el mundo,
que sobre trabajo y pan.
Podéis quitarme la vida,
negarme el amor
privarme de libertad.
Pero no podéis quitarme
ni mi modo de reír
ni mi forma de luchar.
Me río de los que tienen,
sin compartirlo jamás,
si no saben compartirlo,
no lo saben disfrutar.
Luchar, porque la cultura
a todos pueda llegar.

Luchar contra la injusticia,
que en todas partes se da.
Que unos mueren de hambre
mientras otros tiran pan.

El rico de lo que tiene
sin esfuerzo puede dar.
El pobre tiene tan poco,
que ni para él le da.
Su fortuna es su vida.
Su lucha su libertad.
Y eso algunas veces,
se lo consiguen quitar.
Que la historia está plagada,
hasta dejarlo a sobrar
de las cosas que han pasado
tristes de desigualdad.
Cientos y cientos de cosas
que cada día se dan
que su historia no figura
en ningún sitio jamás,
pero que viven su historia
y su historia podrían contar.
¡Cuántos Jesús Nazarenos,
la historia podría contar!
Dicen que mucho hemos cambiado
desde entonces hasta acá.
Hubo pobres, hubo ricos
y seguimos hoy igual.
Cambian las generaciones
no su modo de pensar.

El rico que tiene tanto
al pobre no quiere dar.
¡Hemos subido a la luna…!
Y la tecnología avanza,
cada día más y más.
Hay cohetes espaciales
con misiles y demás
pero aquí en la tierra
la gente muere de hambre
y se lucha porque no hay paz.
Que hay que crear conciencia
que en pleno siglo veinte
lo mismo vuelve a pasar.
¡Tenemos hasta la peste!
Sida es su nombre actual.
En fin, que como yo digo,
hemos avanzado mucho,
pero hay mucho que avanzar.
Hasta que el ser humano
sea humano de verdad.
Pasarán siglos y siglos
y apenas se notará…
hasta que el ser humano
sea humano de verdad.

13 - TIEMPO PARA RECORDAR

Una tarde de verano,
yo le conocí por azar,
estaba algo cansado,
junto a mí se fue a sentar.

Tenía su cara surcos,
los que los años nos dan,
su cara era morena,
sus ojos un manantial,
de aguas claras, serenas
y su pelo blanco ya,
parecía blanca nieve
acabada de nevar.

Él se sentó y me dijo:
¿Qué hora tenía ya?
—Yo le dije, son las siete…
y le pregunte sin pensar:
¿Tiene usted mucha prisa?
—Ni prisa, ni nada ya—.
Yo, que siempre fui con prisas…
el tiempo me sobra ya.
Y le dije: —¿Cómo es eso?
y nos pusimos a hablar.

Me empezó a contar su vida,
yo le escuché sin hablar.
Yo sí que tenía prisa
pero me senté a escuchar
y me contó una historia
que no he podido olvidar.
Una historia triste y tierna
creo que os gustará.
Voy a contar una historia,
de un hombre que ha vivido ya,
noventa primaveras,
ha soportado rigores,
ha soportado mil penas.
Se siente ya tan cansado,
que sólo dice le queda,
vivir hasta que Dios diga,
con sus recuerdos y penas.
Voy a contar una historia
que un hombre un día me contó.
Cuando en su vida se hallaba,
triste, solo y sin amor.
Ahora me siento viejo,
triste, solo y sin amor,
suspiraba algo cansado
y su vida nos contó.
De joven viví en el valle
y muy feliz era yo,
cuidando de mis ovejas,
porque yo era pastor.

Una pastora en el valle
un día conocí yo,

una linda pastorcita,
que fue toda mi ilusión
y cuando llegó el verano
Pareja nos hicimos los dos.

En el verano siguiente
un hijo ella me dio…
Era más fuerte que un oso,
era más lindo que el Sol.

Era un niño tan pequeño
y nuestras vidas llenó.
Siempre estábamos contentos
felices de nuestro amor
yo por la tarde venía,
al terminar la labor:
Jugábamos cada día
y crecía nuestro amor.

Un día al volver del monte,
pude yo ver con horror,
que toda mi casa ardía
no supe lo que pasó,
busque de día y de noche,
en lo poco que quedó,
y casi me vuelvo loco,
loco, triste y sin amor.

Yo me marché de mi tierra,
que me causaba dolor,
pero nunca he olvidado
lo que allí me sucedió

por eso me siento triste,
triste, solo y sin amor,
amar sí que he amado
y he recibido amor.

Se lamentaba cansado
y una lágrima enjugó
y se despidió de nosotros
y le dijimos adiós.

Pero yo no he olvidado,
la historia que nos contó.

14 - POR LA PAZ

Si a ti te gusta la paz
niégate a hacer la guerra,
lucha por el ser humano
y ayúdale en lo que puedas.
Hoy a ti te ayudo yo,
y mañana tal vez sea...
¡aquél! que tu ayudaste,
el que su mano me tienda.
Que aunque parezca extraño...
rodamos como las piedras.
Hagamos una cadena fuerte,
muy fuerte soldada
con amor y comprensión,
que nadie pueda aplastarla.
Una cadena que abarque
tierra, cielo y todo el agua.
Unidas todas las manos
muy fuertemente apretadas,
que sientan calor humano
sin importarnos las razas.

15 - VILLANCICO

Este año 2004
¡Os quiero felicitar!
Y desearos con cariño,
una feliz navidad
y próspero año nuevo.
Un villancico al viento
quiero cantar.
Para que el viento repita
queremos; Amor y paz.
Que el eco de muchas voces
que juntas quieren cantar,
que haya amor y paz.
Paz y amor; Amor y paz.
Creen una sinfonía
que el mundo pueda escuchar.
Que los Reyes Magos vengan
cargados de buenos sentimientos
y grandes regados.
Con cariño Feliz Navidad
y próspero año nuevo.

16 - LOS HIJOS

El mundo estará en sus manos…
cómo hoy en el presente,
en nuestras manos está
educarlos sabiamente.
Pensando que en el futuro
harán ellos simplemente,
lo que hayan aprendido
de nosotros simplemente.

17 - LA VIDA NO DESTRUYE, TRANSFORMA

La vida no destruye, transforma.
¡Cómo nos cambia la vida!,
la vida que vueltas da
aunque hoy lo tengas todo
mañana puede cambiar,
que no hay tesoro en el mundo
que siempre pueda durar,
se nos acaba la vida
y es lo que vale más.

De pequeña me enseñaron
que el hombre era mejor,
porque poseía un alma
que nadie nunca encontró.

Mas, yo he visto animales
que aunque no pueden tener,
ni alma, ni inteligencia
algo deben de tener
y el hombre con ser tan listo
de ellos tienen que aprender.

Todos nos necesitamos
y es como debe ser.
Lo llamen como lo llamen
existe el bien y el mal.
Uno le sucede al otro,
no se pueden separar.
Igual que el día a la noche
uno detrás del otro va.

18 - EL DE ARRIBA

Ese Dios que algunos creen,
que existe y que es tan bueno.
¿Dónde está, donde se encuentra,
por qué se duerme en su cielo?
¿Dónde está, que aquí en la Tierra…
en ningún sitio te veo?
Si existe, que es lo que hace
mientras unas tienen mucho
y otras duermen en el suelo.
Por qué quieren que yo crea,
que existe Dios que hay cielo,
sí por más que yo me esfuerzo
en ningún sitio lo veo.

19 - PALOMA BELLA

Yo tenía una paloma
cautiva en su palomar,
de tanto que la quería,
yo la quería de más.

Me la encontré una mañana
cuando iba a trabajar,
de frío y miedo aterrada
y con su alita troncha,
yo me la lleve a mi casa,
curada su ala está,
y la construí una jaula
que la llamé palomar.

Hay mi palomita bella
que bella te has puesto ya
 y así todas las tardes
yo la saludo al pasar
y mi bella palomita
no me deja de piar
al verme se alborota
de lo contenta que esta.

Cuando le ofrezco mi mano
no la deja de picar,
que es algo como un saludo
que con cariño me da.

¿Qué le pasa a mi paloma
que contenta ya no está?
Todo tienes tu de sobra
que es lo que echas a faltar.

Se me ha quedado mirando
ni mi mano pica ya.

Está triste y muy callada,
¡Le falta su libertad!

Hay mi bella palomita
te quite tu libertad,
quise protegerte tanto
que te protegí de más.

Yo la saqué de su jaula
con pena la eche a volar,
volvió otra vez a mi mano
casi no sabía volar,
vuela, vuela, palomita,
no mires nunca atrás,
que por mucho que me quieras,
quieres más tu libertad.

Aquí quedará tu jaula
abierta de par, en par,

pues la puerta de tu jaula
ya nunca cerrara.

Ha pasado mucho tiempo
está solo el palomar,
sin puertas y sin ventanas
por si quieres regresar.

Una mañana temprano
cuando iba a trabajar,
vi a mi paloma en su jaula
no paraba de piar,
yo la ofrecí mi mano
y me la empezó a picar.

Trajo con ella un palomo
y hoy viven en libertad,
y solo ellos deciden
si se quedan o se van.

20 - COSAS QUE NO SE PUEDEN COMPRAR

Hay cosas en este mundo
que el dinero no las da,
pues no se compra un amigo,
ni se compra la amistad,
solo con cariño pagas,
a quien cariño te da
que todo cambia en el mundo
y eso nunca cambiará.
Si con dinero le pagas
y es amigo de verdad,
solo ofenderle has podido
en su orgullo y su amistad,
si le pagas con cariño,
su orgullo se crecerá
y crecerá su cariño
y con él te pagara.
Si te paga de otro modo
no es cariño ni amistad,
llámale de otra manera
amigo nunca será.

21 - REY DE REYES

Después de cuarenta años
buscándote y por fin
hoy te veo.
Con amor y gratitud
en todos los sitios te veo.
En la sonrisa de un niño
en tantos sitios te veo,
que debí de estar ciega.
Es que el ser humano
es perfectamente imperfecto.
Si Dios hubiera querido
 que fuéramos perfectos,
así nos habría hecho.
Por consiguiente.
Como se suele decir.
Dios escribe recto
hasta con renglones torcidos.

22 - MI TESORO

Mi pequeño tesoro
cuanto te quiero,
eres lo más bonito
del mundo entero.
Que la virgen te guarde
mi tesoro,
que es tu madre
ahí en el cielo.
Cuanto te quiero
cuanto te quiero,
eres lo más bonito
del mundo entero.

Haciendo por vivir es un libro homenaje a mi madre, Emiliana Garcia Barrejon. Porque se dedicó toda su vida a criar a sus siete hijos y trabajar para sacarlos adelante.

Gracias mami por todo tu trabajo de día en día.Tu hija Ángela Pacheco García.

Quiero aprovechar para dar un homenaje a todas y todos los padres que hacen lo mismo para sacar a sus hijos adelante en la vida y hacen que la vida sea más bonita.

El amor es lo más bonito y te lo enseñan tus padres desde que naces.